M000047791

Made in the USA
Middletown, DE
14 February 2022

61199952R00084